HAUCK & BAUER

Man tut, was man kann: nix.

Verlag Antje Kunstmann

BLÖDSINN UND KATHARSIS

Oftmals starren die Protagonisten von Hauck und Bauer mit großen Augen erschrocken und überfordert auf der kleinen Bühne ihrer Geschichte in eine rätselhafte Welt. Ihre großen, unförmigen Nasen können den Braten nur selten riechen und hängen bei vielen Figuren vielleicht auch aus diesem Grund lang herab. Ihre Münder sind allesamt zahnlos, und in vielen Darstellungen ist die Verbindung zwischen Hirn und Sprachwerkzeug nur eine dünne schwarze Linie. Ich glaube, vieles, was die geschundenen Männer und Frauen von sich geben, würden sie bereuen, wenn ihre Geschichte noch weitergehen würde. Aber das gestattet das hinterfotzige Duo seinen hilflosen Kreaturen nicht.

Es kommt sehr oft vor, dass es eine Figur gut mit seinem Gegenüber meint und dann aber das Allerschlimmste dabei herauskommt. Das zu betrachten ist äußerst komisch und zugleich in einem aufklärerischen Sinn erhellend. Sehr oft sind die absurden Helden taktlos und grob. Trotzdem verzeiht man als Betrachter sogar die niederträchtigsten Vergehen. Ich kann mir nicht genau erklären, wie Hauck und Bauer das hinkriegen. Wahrscheinlich liegt es daran, dass ich mich selbst in den Strichmännlein oft wiederfinde und mir mit dem Verzeihen der gezeichneten Blödigkeiten auch selbst ein bisschen Vergebung einräume. Auf wunderbare Weise gehen die Geschichten hinter dem Schlussstrich weiter im Kopf des Betrachters.

Matthias Egersdörfer

INHALT

I
Vielleicht ist es besser so   9

II
Punkt, Smiley, neuer Absatz   37

III
Wir brauchen einen Arzt   67

IV
Trauer, Freude, Angst, Verblüffung, Ärger und Ekel   93

V
Hier gibt es keine Pinguine   123

I. VIELLEICHT IST ES BESSER SO

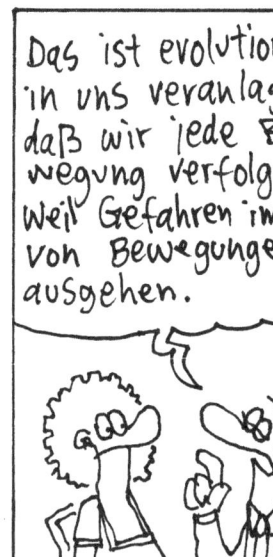

| EIN GANZ NORMALER MANN. | EINE GANZ NORMALE FRAU. | DOCH SIE HABEN EINEN PLAN: | DEMNÄCHST INS KINO! |

II. PUNKT, SMILEY, NEUER ABSATZ

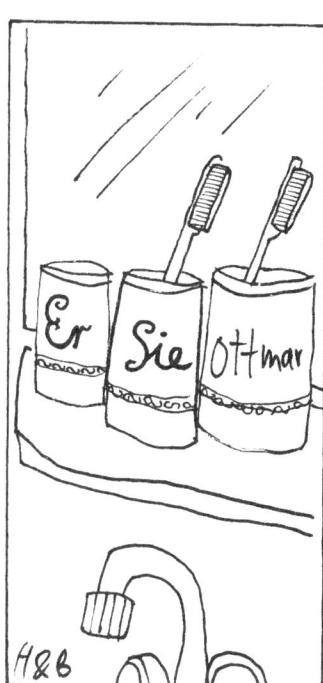

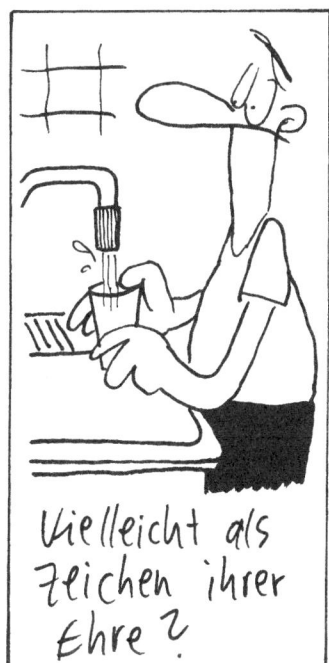

In der Mailbox-Ansagerinnenschule

III. WIR BRAUCHEN EINEN ARZT

Patientenverfügung von Herbert Tamm

Einer notwendigen künstlichen Ernährung stimme ich zu,

allerdings nur unter Ausschluß von sämtlichen

selbstgekochten Gerichten meiner Frau Lisbeth.

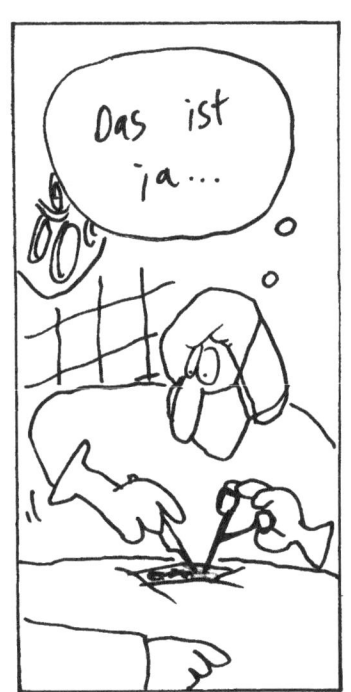

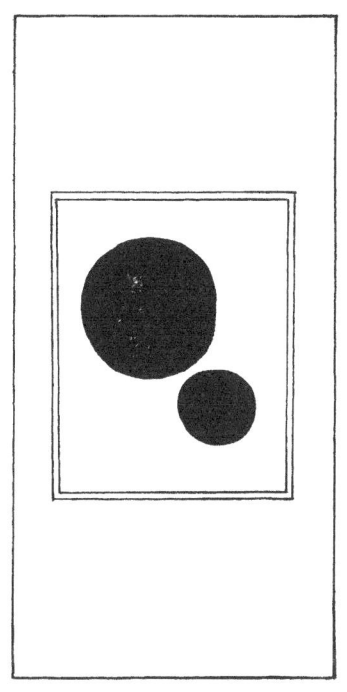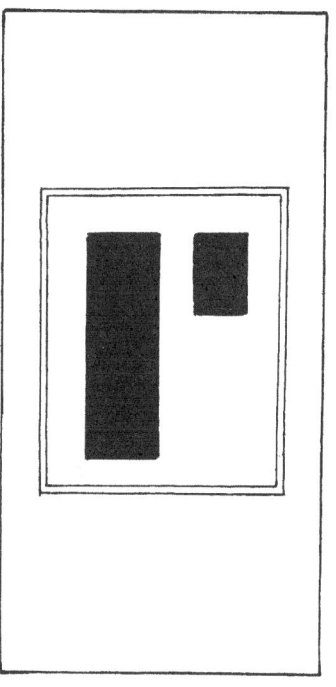

IV. Trauer, Freude, Angst, Verblüffung, Ärger und Ekel

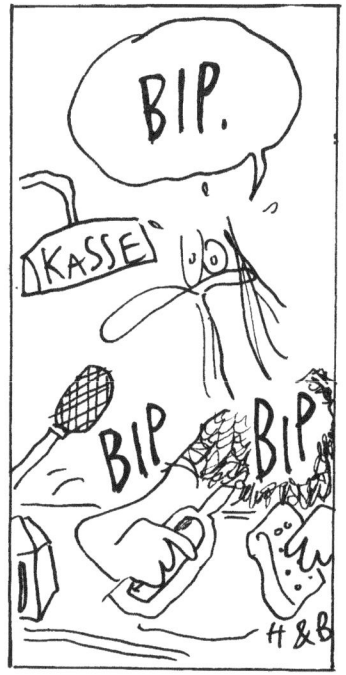

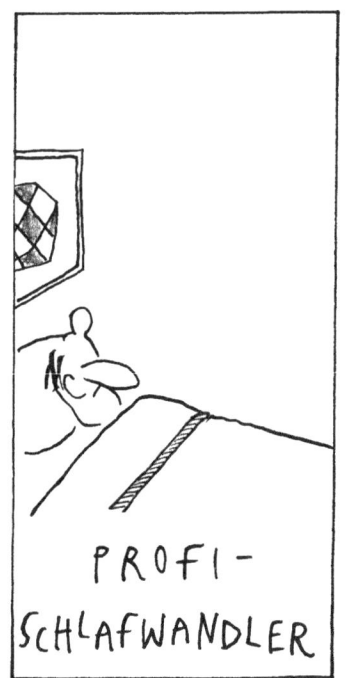

V. HIER GIBT ES KEINE PINGUINE

10 JAHRE HAUCK & BAUER
WAS BISHER GESCHAH

1978 Elias Hauck und Dominik Bauer werden getrennt voneinander in Alzenau (Unterfranken) geboren. Ursula Hauck und Michael Rüdiger und Brigitte und Berthold Bauer übernehmen die Verantwortung.

1984/1985 Ende der Kindheit und Einschulung.

Anfang der 90er Jahre Hauck zeichnet erste Lehrer-Comics, Bauer versucht lustige Gedichte.

1996 Die Götter greifen ein: Hauck und Bauer lernen sich im Altgriechisch-Kurs am Spessart-Gymnasium Alzenau kennen.

1997 Man trifft sich jetzt öfter und will »was zusammen machen«. Ein erstes gemeinsames Hörspiel entsteht: »Das Gay-Frühstück – Ein Cafebetreiber setzt ein Zeichen«.

Noch im selben Jahr bringen Hauck und Bauer das Kostenlos-Heftchen »Ernst Troelltsch an der Hammondorgel« heraus. Das Heft wird in Aschaffenburg verteilt und erzielt 0 Reaktionen.

1998-2000 Umzüge nach Frankfurt a.M. (Hauck), Hamburg (Bauer), Berlin (wieder Hauck), und wieder Frankfurt a.M. (wieder Bauer). Trotz der Entfernungen bleibt man in regelmäßigem alkoholischen Kontakt. Man will »was zusammen machen«.

2001 Hauck und Bauer gründen den Eigenverlag »Der Blaue Fuchs« und nehmen mit einem sehr übersichtlichen Verlagsprogramm (u.a. »Ernst Troelltsch an der Hammondorgel 2«!) an der Mainzer Mini-Pressen-Messe teil. Erste gemeinsame öffentliche Lesungen in einem stillgelegten Bus.

2002 In der Berliner Kneipe »Zwiebelfisch« will man eines Abends »was zusammen machen«. Obwohl Hauck schon immer zeichnete und Bauer irgendwas schrieb, kommen beide erst jetzt auf die Idee, beides zusammen zu werfen: Die ersten Cartoons mit dem Kürzel H&B entstehen.

Ende des Jahres bewirbt man sich mit einigen Cartoons bei Alexander Marguier, Gesellschafts-Redakteur der Frankfurter Allgemeinen Sonntagszeitung. »Ich find's lustig, wir sollten uns treffen« mailt Marguier knapp zurück.

Nach einem Treffen mit mehreren Bembeln Apfelwein im Frankfurter »Apfelwein-Wagner« findet er die Sachen noch lustiger. Das Engagement bei der FAS wird per Handschlag besiegelt.

2003 Am 23. März erscheint im Gesellschaftsteil der FAS erstmals eine Randspalte mit dem zwingenden Titel: »Am Rande der Gesellschaft«. Zugleich die erste Veröffentlichung überhaupt und damit offizielle Geburtsstunde von Hauck & Bauer.

Die Serie läuft bis heute an selber Stelle weiter; das Ressort »Gesellschaft« heißt mittlerweile »Leben« und wird von Bertram Eisenhauer geleitet.

2005 Der erste Cartoon in der TITANIC (09/2005)! – Was soll jetzt noch kommen?

2007 Ach ja: Ein Buch. Der Hamburger Carlsen Verlag veröffentlicht den ersten Hauck & Bauer-Sammelband: »Am Rande der Gesellschaft«. Doch der Respekt im Verlag bleibt H&B versagt. Carlsen-Lektorin Antje Haubner redet die beiden regelmäßig mit »Ihr Spinner!« an.

Seit diesem Jahr veröffentlichen Hauck & Bauer auch in der von Martin Sonneborn verantworteten Satire-Rubrik SPAM auf SPIEGEL ONLINE.

2008 Ernst Kahl will nicht mehr und H&B dürfen in der TITANIC-Rubrik »Hier lacht der Betrachter« seinen Platz übernehmen. Bis heute verwalten sie zusammen mit Rattelschneck und Rudi Hurzlmeier die beliebte Doppelseite, in der von Senf über Wanduhren bis Ohrfeigen alle vernachlässigten Themen der Zeit behandelt werden.

2010 Hauck & Bauer wechseln zum Münchner Verlag Antje Kunstmann und veröffentlichen dort ihr zweites Buch: »Hier entsteht für Sie eine neue Sackgasse«. Der Antrittsbesuch in München verläuft auf das Angenehmste. Als die Verlegerin nicht mehr trinken kann, ruft sie ihren Sohn an, der sofort ihren Platz übernimmt. Zu Weihnachten schickt der Verlag große Fresspakete. Hier wird man nicht mehr freiwillig weggehen.

Für die Karikatur »Keine Kinder und keine Karriere« bekommen Hauck & Bauer in Dresden den Deutschen Karikaturenpreis in Silber.

2011 Veröffentlichung des Ratgebers »Bin ich Jesus? – Die Kunst nicht zu antworten« (Kunstmann) zusammen mit Michael Tetzlaff. Das Trio kann sein Glück nicht fassen, als das Buch sogar von der Zeitschrift Mädchen empfohlen wird (»Für ein großartiges Schuljahr!«)

2012 Der FAS-Strip »Ich will ehrlich zu Ihnen sein« belegt den zweiten Platz bei der Rückblende 2011, dem Karikaturenpreis der deutschen Zeitungen.

2013 Hauck & Bauer feiern 10 Jahre Hauck & Bauer. Zum Jubiläumsjahr widmet ihnen die Caricatura Kassel eine große Werkschau, im Heye-Verlag erscheinen erstmals auch zwei H&B-Kalender.

Nur für den neuen geplanten Sammelband bei Kunstmann muß bald mal ein überzeugender Titel her. Um nichts zu überstürzen, sitzt man zusammen mit Kollege Rattelschneck in der Berliner Kneipe »Ankerklause«.

Man tut, was man kann...

Seit 2009 empfiehlt die Klarakirche in Nürnberg dieses Gebet ihren Besuchern. (Foto: Max Goldt)